백실장의

행사장 비밀수첩

28년 차 이벤트 피디가 정리한

백실장의
행사장
비밀수첩

백쎄봉 PD 지음

행사장 필수 용어 1,000단어

　전국에서 사용되는 이벤트행사 현장의 용어들은 말 그대로 천
차만별입니다.

　게다가 무분별한 외국어까지 혼용되어 더 정신없는 게 현실입
니다. (특히 일본어 혼용) 그래서 정리를 좀 해봤습니다.

　저는 1994년 KBS어린이스키캠프 아르바이트를 시작으로 이벤
트의 세상을 알게 되었습니다. 그 후 여러 행사장에서 스태프 아
르바이트를 하고 레크리에이션 현장 진행도 하면서 경험을 쌓았
습니다. (그때는 이벤트를 배우려면 레크리에이션 강사를 따라다니며
틈틈이 배우는 게 가장 현실적인 방법이었죠.)

　그 후 개인 사업자를 내고, 장비를 사고, 소품을 모으고, 창고를
얻고, 사무실을 구하고, 직원들을 고용하면서 성공과 실패, 각종

경험의 노하우를 터득했습니다.

그때까지만 해도 이벤트 행사의 현장에서 사용하는 단어들을 집대성한 책(교재)이 없었습니다. 물론 지금도 그렇구요. 그래서 많은 시간과 노력을 들여 정리를 해봤습니다.

네이버 '이벤트에목숨건사람들'카페를 2004년에 오픈하고 여러 시도가 있었습니다. 이벤트 분야의 파트별 감독님들이 각자 분야의 용어들을 제공하기로 했지만 그 작업은 결코 쉽지 않았습니다. 오래전부터 꿈꿔왔던 이벤트 행사장 현장용어집 출간은 여러 차례의 시도에도 결국 물거품이 되었습니다. 게다가 현장 사진의 초상권, 저작권 문제도 예민했습니다. 하지만 이제는 챗지피티 같은 오픈AI의 힘을 빌려 이렇게 책상 앞에서 내용을 쉽게 정리할 수 있게 되었습니다. 정말 좋은 세상이 열린 것이죠.

대한민국에서 아직도, 여전히 이벤트에 목숨을 걸고 자신의 청춘을 온전히 바친 이벤트 연출 PD, 감독, 실장님들과 그 밑에서 견(?)고생하며 꿈을 펼쳐가는 전국의 이벤티스트들에게 깊은 감사와 응원과 박수를 보냅니다.

아울러 이벤트 행사 현장에 투입되는 스태프 및 아르바이트 학생들도 최소한 이 이벤트 용어집을 대충이라도 훑어보고 현장에 투입된다면 이벤트 행사장의 더 깊은 맛(?)을 느낄 수 있을 것이라고 자부합니다. 이 책이 부디 '이벤트ㅅ'들에게 작은 도움이 되길 바랍니다.

— '이벤트에목숨건사람들' 백쎄봉 PD

"나라의 말이 중국과 달라 문자와 서로 통하지 않으니 이런 까닭으로 어리석은 백성이 말하고자 하는 바가 있어도 마침내 제 뜻을 능히 표현하지 못하는 사람이 많으니라."

세종대왕 1446년 훈민정음을 통해 하신 말씀이다.

그런데 580년이 지난 2026년 지금, 대한민국의 이벤트 현장에선 스태프들 간의 소통 언어들이 아직도 서로 사맛디아니하듯 혼선을 빚고 있는 현실….

수년 전부터 이벤트 행사장의 현장 용어를 누군가? 어디선가? 통일을 시켜줘서 행사 관련 모든 스태프들이 일관된 단어와 용어를 사용했으면 좋겠다는 생각을 해왔다.

비단 이벤트 행사장뿐 아니라 방송국, 문화예술계에서 일하는 스태프들도 마찬가지일 것이다.

지금도 여전히 행사장에선 출처 모를 외국어가 혼용된 현장 용어가 쓰이고 있는 현실이다.

어디서부터 시작됐는지는 몰라도 일본어와 영어가 뒤섞인 단어들이 무전기와 인터컴을 통해 무대와 행사장에서 통용되고 심지어 공사 현장에서 사용되는 소위 노가다 용어들도 뒤죽박죽 섞여 있는 상황이다.

그래서 누군가 일관된 이벤트 행사장 용어를 책으로 만들어 보급을 한다면 표준화가 될 수도 있겠다는 기대를 하며 이 책을 쓰게 되었다.

이 책의 집필 목적은 아래 세 가지이다.

첫째, 이벤트 행사장 용어의 표준화
둘째, 이벤트 현장의 스태프와 입문 학생들을 위한 지침서
셋째, 기록의 의미 (이벤트 행사 용어 아카이빙)

이 책을 출간하기까지 적지 않은 사비가 들어갔고 지난한 단어 수집, 취합의 시간이 필요했다. 그러나 대한민국 이벤트 행사 현장에서 땀 흘려 수고하는 스태프들이 통일된 용어를 사용하는 모습을 상상하며 기쁜 마음으로 이 책을 썼다. 그동안 이벤트 용어들은 책 일부분에 단락으로 첨부되거나 참고용으로만 기록됐을 뿐 이렇게 단독 도서로 출간된 경우는 없었기에 의미가 있다고 생각한다. 지금도 이벤트인의 꿈을 안고 이벤트연출학과를 입학하고 비록 전공 학과는 아니지만 현장에서 이벤트 PD의 꿈을 실현하기 위해 고군분투하는 현장 스태프의 마음을 너무나도 잘 알기에 수고스러운 과정의 시간을 즐겁게 감내할 수 있었다.

제안서 쓰는 법을 배우고 싶은데 마땅히 배움의 기회가 없어, 행사장 알바를 뛰면서 연출감독님들이 쓰고 폐기한 제안서를 쓰레기통을 뒤져가며 몰래 가져와 밤새도록 PPT로 옮겨가며 카피하던 시절이 주마등처럼 스쳐 지나간다. 이제는 그런 시대가 아니지만 혹여 나와 같은 열정을 지녔던 이벤트인들이 있다면 그들에게 이 책이 작은 도움이 되길 바랄 뿐이다.

— 2026년 1월 어느 날…

이벤트 행사장에서 무분별하게 사용되고 있는
일본식/군대식 용어들을 최대한 순화해보았습니다.

우리말로 소통해도 충분한

행사 용어

일본어에서 유래한 행사·현장 용어 (가장 많음)

현장 용어	실제 의미	바른 우리말
데마치 出待ち	출연자 대기·출입 위치	출연 대기 위치
혼마 本間	진짜, 본 행사	본 행사 / 실제
아마추어(아마) アマチュア	비전문, 서툰	비전문
가다 型	등급, 수준	수준
바리케다 バリケド	펜스, 차단봉	차단 펜스
야마 山	핵심, 하이라이트	핵심 / 정점
시마이 しまい	종료	종료
사시 指し	1:1 동선 / 구성	1대1
요시 よし	확인 완료	확인 완료
기리 切り	마감선	마감
데꼬보꼬 凸凹	울퉁불퉁	요철
나가시 流し	동선 이동	이동 동선

일본/군대식 무대·방송 용어 (방송국 영향)

용어	의미	문제점
집합	스태프 소집	군대 용어
대기	출연 대기	일본식 결합
큐시트 Qシート	진행 순서표	일본식 발음
큐	진행 신호	관행적으로 일본식 사용
본큐	실제 진행	일본식 결합
큐콜	진행 신호 호출	혼용어
NG	실패 장면	일본 방송 용어

OK	문제 없음	일본식 관행
투입	인력 배치	군대 사용 용어
철수	철거	공사 현장 용어
작전	행사 진행 계획	군대 사용 용어
상황실	컨트롤룸	군대 사용 용어

무대 용어 (일본식 영향)

용어	의미	문제점
다루끼	무대 앞쪽 하단을 가리는 척(막)	일본 유래
아시바	무대 설치물을 지탱하는 철제 구조물	일본 유래
개꾸미	건축 현장에서 계단의 수직 부분을 뜻함	일본 유래
상수	무대 출연진 동선 중 입장 동선 > 무대 오른쪽	일본 유래
하수	무대 출연진 동선 중 퇴장 동선 > 무대 왼쪽	일본 유래
니쥬	무대 철제 구조물 위에 얹는 나무 바닥	일본 유래
컨펌	확인	
시마이	종료	일본 유래
바리케이트	차단 펜스	
OK	좋아. 문제 없음	한국어로 대체 가능
기타	인아웃 > 출입 / 백업 > 예비장비 / NG > 다시 (재촬영)	불필요한 영어 사용

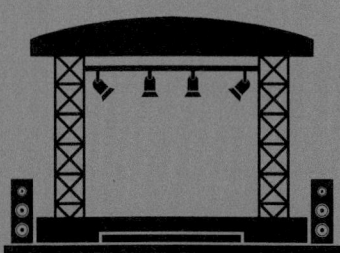

행사장에서 실제로 사용되는 이벤트 행사 용어
1,000 단어를 소개하기 전 먼저 알아두면 좋은
행사장 기초 용어들을 정리하였습니다.

반드시 알아야 할

행사장 기초 용어

음향 Sound/Audio 행사장의 소리를 담당하는 분야

용어	설명	현장 사용 예
PA	관객에게 전달하는 전체 음향 시스템	"PA 세팅 끝났나요?"
믹서(Mixer)	여러 음원을 섞어 출력하는 장비	"마이크 3번 믹서에 올려주세요"
메인 스피커	관객 정면으로 소리를 출력	"메인은 LR로 깔아요"
모니터 스피커	출연자용 스피커	"가수 모니터 좀 키워주세요"
무선 마이크	케이블 없는 마이크	"무선 주파수 체크했어요?"
유선 마이크	케이블 연결형 마이크	"유선으로 바꿉시다"
하울링	소리가 울리며 삑 소리 나는 현상	"하울링 나요, EQ 줄여요"
EQ	음색 조절 장치	"저음 EQ 조금 깎아주세요"
리버브	잔향 효과	"멘트에는 리버브 빼요"

조명 Lighting 무대 분위기와 집중도를 만드는 빛의 요소

용어	설명	현장 사용 예
무빙-라이트	움직이는 조명	"무빙은 오프닝에만 써요"
파-라이트(PAR)	기본 고정 조명	"무대 전면 PAR 켜주세요"
핀조명	특정 인물만 비추는 조명	"MC 핀 하나 잡아주세요"
워시(WASH)	넓게 퍼지는 조명	"무대 전체 워시 주세요"
고보(GOBO)	문양이 나오는 조명	"로고 고보 넣어요"
DMX	조명 제어 신호	"DMX 주소 다시 잡아야 해요"
디밍(DIMMING)	밝기 조절	"천천히 디밍 다운"

영상·VIDEO 시각 정보 전달의 핵

용어	설명	현장 사용 예
LED 월	대형 LED 스크린	"LED 월 픽셀 체크"
송출	영상 출력	"메인 송출 전환"
스위처	영상 전환 장비	"카메라 2번으로 스위칭"
PGM	실제 송출 화면	"PGM 확인해주세요"
프리뷰	송출 전 화면	"프리뷰에서 테스트"

중계카메라·CAMERA 현장을 기록하고 전달

용어	설명	현장 사용 예
고정	카메라 삼각대 설치	"고정샷 하나 깔아요"
핸드헬드	들고 촬영	"핸드헬드 MC 따라가요"
크레인 카메라	공중 촬영	"크레인 동선 확보"
PTZ	원격 제어 카메라	"PTZ 프리셋 저장"

무대 STAGE 행사의 구조적인 중심

용어	설명	현장 사용 예
메인 무대	주 행사 진행 무대	"메인 무대 높이 1m로"
포디움	연단, 단상	"시상식은 포디움 사용"
트러스	조명·음향 구조물	"트러스 하중 체크했죠?"
백월	무대 뒤 배너	"백월 로고 방향 맞나요?"
런웨이	무대 앞으로 나온 통로	"패션쇼 런웨이 설치"
스테이지 데크	무대 바닥 구조물	"데크 흔들림 없어요?"

연출 DIRECTION 행사의 감정과 메시지를 설계

용어	설명	현장 사용 예
오프닝	행사 시작 연출	"오프닝 영상 30초"
엔딩	마무리 연출	"엔딩 음악 큐"
큐(Q)	타이밍 신호	"카운트 후 큐"
전환	프로그램 변경	"시상식 전환"
클라이맥스	가장 강조된 순간	"불꽃은 클라이맥스에"

특수효과 SFX 연출 효과를 극대화하는 요소

용어	설명	현장 사용 예
컨페티	종이 날림 효과	"엔딩에 컨페티 갑니다"
CO_2 건	이산화탄소 분사 효과	"CO_2 타이밍 큐 주세요"
불꽃 연출	파이로 불꽃	"불꽃 안전거리 확보"
연무기	안개 효과	"연무 너무 세요"
버블 머신	비눗방울	"어린이 행사에 좋아요"

발전, 전기 POWER / GENERATOR 행사의 생명선

용어	설명	현장 사용 예
발전차	이동식 발전기	"야외라 발전차 필수"
삼상/단상	전기 공급 방식	"음향은 단상, 조명은 삼상"
전력 분배기	전기 분배 장치	"분배기 용량 확인"
접지	누전 방지	"접지 꼭 잡아요"
부하	사용 전력량	"부하 초과 위험 있어요"

행사 운영 OPERATION 행사 흐름을 관리

용어	설명	현장 사용 예
큐시트	행사 진행표	"큐시트 5번 다음 멘트"
리허설	사전 연습	"전체 리허설 진행"
동선	이동 경로	"VIP 동선 분리"
스태프	행사 인력	"스태프 집결"
백스테이지	무대 뒤 공간	"백스테이지 대기"

안전관리기본용어 행사 전반의 안전체계를 구성하는 핵심 개념

용어	설명	현장 사용 예
안전관리자	행사 안전 총괄 책임자	"안전관리자 승인 필요합니다"
안전요원	마무리 연출	"안전요원 추가 배치"
안전계획서	안전 운영 문서	"구청 제출용 안전 계획서"
위험성 평가	사고 요소 사전 점검	"위험성 평가 다시 합시다"
안전 브리핑	사전 안전 교육	"행사 전 브리핑 10분"
안전 통제	출입·행동 제한	"이 구역 통제해주세요"

관객인파관리 CROWD CONTROL 준비 부족 시 대형 사고로 직결될 수 있는 핵심영역

용어	설명	현장 사용 예
동선 분리	이동 경로 구분	"입·출구 동선 분리"
병목 구간	혼잡 발생 지점	"계단 병목 생겨요"
밀집도	인원 밀도	"밀집도 높아지고 있어요"
수용 인원	허용 최대 인원	"수용 인원 초과"
입장 통제	출입 제한	"잠시 입장 통제"
퇴장 유도	안전한 퇴장	"퇴장 요원 배치"

무대구조물안전 전도, 붕괴 사고 예방

용어	설명	현장 사용 예
구조물 점검	설치물 안전 확인	"트러스 점검 완료"
하중 계산	무게 허용치	"하중 초과 안 돼요
전도 방지	쓰러짐 방지	"무대 앵커 고정"
고소 작업	높은 곳 작업	"고소 작업 안전벨트"
안전 난간	추락 방지 시설	"난간 미설치 구간"
추락 위험 구역	낙상 위험 지역	"출입 금지 처리"

전기화재안전 행사장의 가장 큰 위험 요소

용어	설명	현장 사용 예
동선 분리	이동 경로 구분	"입·출구 동선 분리"
병목 구간	혼잡 발생 지점	"계단 병목 생겨요"
밀집도	인원 밀도	"밀집도 높아지고 있어요"
수용 인원	허용 최대 인원	"수용 인원 초과"
입장 통제	출입 제한	"잠시 입장 통제"
퇴장 유도	안전한 퇴장	"퇴장 요원 배치"

운영관리실무용어 현장 관리자가 자주 쓰는 표현

용어	설명	현장 사용 예
현장 통제	전체 관리	"현장 통제 강화"
출입 통제선	제한 구역 표시	"통제선 넘지 마세요"
사전 점검	행사 전 체크	"사전 점검 완료"
실시간 상황 공유	정보 전달	"무전 공유하세요"
종료 후 점검	철수 안전 확인	"철수 중 사고 주의"

기상 환경 안전   야외 행사 필수 관리 항목

용어	설명	현장 사용 예
기상 모니터링	날씨 관찰	"강풍 예보 확인"
강풍 기준	작업 중단 수치	"풍속 기준 초과"
우천 대비	비 대응 계획	"우천 플랜 가동"
폭염 대응	온열 질환 예방	"쉼터·생수 준비"
한랭 대응	저체온 예방	"난방 장비 추가"
환경 리스크	외부 위험 요소	"주변 공사장 확인"

비상 상황 대응 EMERGENCY   사고 발생 시 즉각 대응 체계

용어	설명	현장 사용 예
비상 연락망	즉시 연락 체계	"비상 연락망 공유"
응급 처치	초기 대응	"응급 처치 요원 호출"
구급차 대기	의료 대응	"구급차 상시 대기"
행사 중단	위험 시 중지	"즉시 행사 중단"
비상 방송	안내 멘트	"비상 방송 준비"
집결 지점	대피 후 모임 장소	"집결 지점 이동"

법행정관련안전용어   한국 기준

용어	설명
재난 안전 관리	대규모 행사 관리
행사 신고	지자체 보고
경찰 · 소방 협조	유관 기관 협력
안전 보험	배상 책임 대비
안전 매뉴얼	내부 지침

대형행사/소규모행사 안전, 운영 용어 비교 정리

행사 규모 기준 (대형 행사 vs 소형 행사)

용어	일반적 기준
소규모 행사	약 300명 이하 / 실내 중심
중형 행사	300~1,000명
대형 행사	1,000명 이상 / 야외·공공장소 중심

안전관리조직관련용어 I (대형 행사)

용어	설명
총괄 안전관리자	전체 행사 안전 최고 책임
파트별 안전책임자	무대·전기·관객 구역 담당
안전 상황실	실시간 모니터링 공간
안전 협의체	경찰·소방·지자체 협업
현장 통제 본부	의사결정 중심

안전관리조직관련용어 II (소형 행사)

용어	설명
현장 책임자	운영·안전 겸임
안전 담당 스태프	최소 인원 배치
현장 브리핑	간단한 사전 교육
자체 안전 관리	외부 기관 미개입

관객인파관리용어 I (대형 행사)

용어	설명
군중 밀집도	인파 위험 지표
수용 한계 인원	법적·물리적 최대치
입장 단계 통제	시간·구역별 입장
일방 통행 동선	충돌 방지
군중 흐름 관리	이동 패턴 제어

관객인파관리용어 II (소형 행사)

용어	설명
출입 관리	입·출구 관리
좌석 배치	관객 정렬
대기 줄 정리	혼잡 방지
현장 안내	직접 설명

무대, 구조물 안전 용어 I (대형 행사)

용어	설명
구조 안전 검토	설계 단계 점검
하중 검증	수치 기반 계산
풍하중	바람에 의한 영향
고소 작업 안전	추락 방지 체계
안전 인증	공식 확인 절차

무대, 구조물 안전 용어 II (소형 행사)

용어	설명
설치 상태 점검	육안 확인
고정 확인	흔들림 체크
간이 무대	소형 구조물
안전선 설치	간단한 구분

전기, 화재 안전 용어 I (대형 행사)

용어	설명
전력 부하 계산	사전 수치 산정
발전차 운용	독립 전원
이중 전원	비상 대비
화재 감시 인원	상시 배치
방염 인증	법적 요구

전기, 화재 안전 용어 II (소형 행사)

용어	설명
전기 용량 확인	콘센트 기준
멀티탭 관리	과부하 방지
소화기 비치	기본 대응
전선 정리	걸림 사고 방지

비상 상황 대응 용어 I (대형 행사)

용어	설명
비상 대응 매뉴얼	문서화된 절차
비상 방송 시스템	중앙 통제
대피 시나리오	상황별 대응
의료 대응팀	전문 인력
행사 중단 선언	공식 결정

비상 상황 대응 용어 II (소형 행사)

용어	설명
응급 대응	즉각 조치
보호자 연락	개인 중심 대응
행사 잠정 중단	현장 판단
구급 요청	외부 연계

차례

Part 01

기획·연출
Planning & Direction

기획·연출 기본 개념

1. **기획**(Planning) : 행사의 목적과 방향을 설계하는 과정

2. **연출**(Direction) : 기획을 시각 · 청각적으로 구현하는 과정

3. **콘셉트**(Concept) : 행사의 핵심 주제와 정체성

4. **기획 의도** : 행사를 통해 전달하려는 생각과 메시지

5. **연출 의도** : 관객에게 보여주고 싶은 표현 방향

6. **타깃**(Target) : 행사의 주요 관객층

7. **메시지**(Message) : 행사가 전달하려는 핵심 내용

8. **키워드**(Keyword) : 콘셉트를 대표하는 단어

9. **톤앤매너**(Tone & Manner) : 전체 분위기와 표현 방식

10. **브랜딩**(Branding) : 브랜드 이미지 일관성 유지

행사 구성 및 콘텐츠 논의

11. **프로그램 구성** : 행사 전체 순서와 내용

12. **시나리오**(Scenario) : 행사 진행 흐름을 글로 정리한 문서

13. **스토리라인**(Storyline) : 시작부터 끝까지의 이야기 구조

14. **시퀀스**(Sequence) : 연속된 연출 단위

15. **러닝타임**(Running Time) : 전체 또는 개별 프로그램 소요 시간

16. **오프닝**(Opening) : 행사 시작 연출

17. **엔딩**(Ending) : 행사 종료 연출

18. **클라이맥스**(Climax) : 연출의 최고조 지점

19. **전환 구간**(Transition) : 프로그램 사이 연결 부분

20. **인터미션**(Intermission) : 중간 휴식 시간

연출 방식 및 표현 논의

21. **연출 포인트** : 강조해야 할 장면

22. **연출 장치** : 효과를 주기 위한 수단

23. **무대 활용** : 무대 공간 사용 계획

24. **동선 설계** : 출연자·진행자 이동 계획

25. **시선 처리** : 관객의 시선을 유도하는 방법

26. **템포**(Tempo) : 진행 속도감

27. **리듬**(Rhythm) : 장면 전환의 흐름

28. **몰입도**(Engagement) : 관객 집중 정도

29. **감정선** : 관객 감정의 흐름

30. **서프라이즈 요소** : 예상 밖 연출 장치

기술 파트 연계 논의

31. **기술 연동** : 음향 · 조명 · 영상 협업

32. **조명 연출** : 빛을 활용한 표현 계획

33. **음향 연출** : 음악 · 효과음 사용 계획

34. **영상 연출** : 영상 콘텐츠 활용 계획

35. **특수효과**(SFX) : 연출용 특수 장치

36. **타이밍 싱크** : 기술 요소의 시간 일치

37. **큐 포인트** : 기술 실행 지점

38. **큐시트 초안** : 타이밍 문서의 초기 버전

39. **테크니컬 체크** : 기술적 가능성 점검

40. **기술 리허설** : 장비 포함 사전 테스트

운영 및 진행 논의

41. **운영 플로우** : 행사 진행 흐름

42. **타임테이블** : 시간 단위 일정표

43. **역할 분담** : 스태프 업무 배정

44. **운영 인력** : 행사에 투입되는 사람들

45. **현장 통제** : 진행 관리 방식

46. **플로어 디렉션** : 무대 위 진행 지휘

47. **큐콜 방식** : 큐 전달 방법

48. **커뮤니케이션 플랜** : 소통 체계 계획

49. **무전 채널** : 통신 구분 번호

50. **콜사인**(Call Sign) : 무전용 호칭

일정 · 예산, 현실성 검토

51. **일정 검토** : 일정 가능 여부 확인

52. **마일스톤** : 주요 진행 기준 시점

53. **데드라인** : 최종 마감 시점

54. **예산 범위** : 사용 가능한 비용 한세

55. **비용 효율** : 예산 대비 효과

56. **우선순위** : 가장 중요한 요소

57. **스케일 조정** : 규모 확대 · 축소

58. **리소스**(Resource) : 사용 가능한 자원

59. **현실성 검토** : 실행 가능 여부 판단

60. **대체안**(Plan B) : 문제 발생 시 대응책

리스크 및 변수 관리

61. **리스크**(Risk) : 문제 발생 가능성

62. **변수**(Variable) : 예측하기 어려운 요소

63. **비상 상황** : 즉각 대응이 필요한 상태

64. **컨틴전시 플랜** : 비상 대응 계획

65. **안전 고려 사항** : 사고 예방 요소

66. **기상 변수** : 날씨 관련 영향

67. **기술 리스크** : 장비 오류 가능성

68. **인력 리스크** : 인원 변동 문제

69. **시간 지연** : 일정 밀림 가능성

70. **대응 시나리오** : 문제 해결 절차

협업, 의사결정, 합의

71. **협업**(Collaboration) : 여러 팀의 공동 작업

72. **의사결정 구조** : 결정 권한 체계

73. **승인 라인** : 최종 결정 담당자

74. **합의 사항** : 회의에서 결정된 내용

75. **보류 사항** : 추후 논의 항목

76. **피드백**(Feedback) : 의견과 수정 제안

77. **수정 요청** : 변경 요구 사항

78. **버전 관리** : 문서 · 안의 변경 기록

79. **공유 자료** : 회의에서 사용하는 문서

80. **회의록** : 미팅 내용 정리 문서

결과 정리 및 다음 단계

81. **결론 정리** : 회의 핵심 요약

82. **액션 아이템** : 각자의 해야 할 일

83. **담당 지정** : 책임자 배정

84. **후속 미팅** : 다음 회의 일성

85. **진행 체크 포인트** : 중간 확인 지점

86. **기획 확정** : 기획안 최종 결정

87. **연출 확정** : 연출 방향 최종 결정

88. **기획 변경** : 방향 수정

89. **초안** (Fist Draft) : 최초 기획안

90. **최종안** (Final Draft) : 확정 문서

미팅 마무리 표현

91. 공유 완료 : 정보 전달 종료

92. 확인 요청 : 내용 재확인 요구

93. 추가 의견 : 남은 제안 사항

94. 이견 없음 : 모두 동의 상태

95. 합의 종료 : 논의 마무리

96. 다음 단계 진행 : 실행 단계 진입

97. 실행 준비 : 현장 투입 준비

98. 미팅 종료 : 회의 공식 종료

99. 후속 공지 : 추가 안내 예정

100. 현장 반영 : 논의 내용 실행 적용

Part 02

운영·프로덕션
Operation & Production

101. 프로덕션(Production) : 행사를 실제로 만들어 실행하는 전 과정

102. 운영(Operation) : 행사 당일과 준비 과정의 실질적 관리 업무

103. 프로덕션 총괄 : 행사 제작 전체를 책임지는 관리자

104. 운영 총괄 : 현장 진행과 인력 운영을 책임지는 관리자

105. PM(Project Manager) : 일정 · 예산 · 인력을 관리하는 책임자

106. 프로덕션 팀 : 행사 제작을 담당하는 실무 조직

107. 운영 팀 : 현장 진행과 관리를 담당하는 조직

108. 현장 총괄(Site Manager) : 행사장 전체 상황을 관리하는 책임자

109. 스태프(Staff) : 행사 운영을 돕는 실무 인력

110. 파트 리더(Part Leader) : 각 분야별 책임자

111. 기획안(Proposal) : 행사 아이디어와 방향을 정리한 문서

112. 제작안(Production Plan) : 실제 실행 방법을 정리한 계획서

113. 운영안(Operation Plan) : 현장 운영 방식을 정리한 문서

114. 콘셉트(Concept) : 행사의 핵심 주제와 방향

115. 목표(Objective) : 행사를 통해 달성하고자 하는 목적

116. 일정표(Schedule) : 준비부터 행사 종료까지의 시간 계획

117. 타임테이블(Time Table) : 행사 당일 분 단위 일정표

118. **러닝타임**(Running Time) : 프로그램의 실제 진행 시간

119. **마일스톤**(Milestone) : 중요한 진행 단계 기준점

120. **데드라인**(Deadline) : 반드시 지켜야 하는 마감 시점

121. **큐시트**(Cue Sheet) : 연출 · 기술 실행 타이밍 정리 문서

122. **체크리스트**(Checklist) : 준비 사항을 점검하는 목록

123. **운영 매뉴얼** : 운영 기준과 절차를 정리한 문서

124. **스태프 리스트** : 전체 인력 명단

125. **연락망**(Contact List) : 비상 시 연락용 정보

126. **로드인**(Load-in) : 장비와 물품을 현장에 반입하는 작업

127. **로드아웃**(Load-out) : 행사 후 장비를 반출하는 작업

128. **셋업**(Set-up) : 무대 · 장비 설치 과정

129. **철수**(Dismantling) : 행사 종료 후 해체 작업

130. **현장 동선** : 사람과 장비의 이동 경로

131. **운영 리허설** : 실제 흐름을 점검하는 사전 연습

132. **테크 리허설** : 장비 포함 종합 리허설

133. **드라이 리허설** : 장비 없이 진행만 점검

134. **본행사**(Live) : 실제 행사 진행

135. **프리오픈** : 행사 직전 최종 점검 시간

136. **현장 브리핑** : 스태프 대상 사전 설명

137. **데일리 미팅** : 당일 운영 상황 공유 회의

138. **상황 공유** : 현장 정보를 전달하는 과정

139. **무전**(Radio) : 현장 통신 장비

140. **콜사인**(Call Sign) : 무전용 개인 · 파트 명칭

142. **스탠바이**(Standby) : 실행 직전 대기 상태

143. **고**(Go) : 시작하라는 신호

144. **홀드**(Hold) : 일시 중단 지시

145. **리셋**(Reset) : 상태를 처음으로 되돌림

146. **컨티뉴**(Continue) : 중단 후 다시 진행

147. **운영 통제**(Control) : 진행 흐름을 관리하는 행위

148. **타임 컨트롤** : 시간 조절 관리

149. **지연**(Delay) : 예정 시간보다 늦어지는 상황

150. **타임 푸시** : 일정을 빠르게 진행하는 조치

151. **현장 판단** : 즉석에서 내리는 결정

152. **이슈**(Issue) : 예상치 못한 문제

153. **트러블**(Trouble) : 진행에 영향을 주는 문제

154. **트러블슈팅** : 문제를 해결하는 과정

155. **변수**(Variable) : 통제하기 어려운 요소

156. **플랜 B** : 비상 대체 계획

157. **리스크**(Risk) : 사고나 문제 가능성

158. **리스크 관리** : 위험을 미리 대비하는 활동

159. **비상 상황**(Emergency) : 즉각 대응이 필요한 상황

160. **사고 보고** : 문제 발생 기록

161. **상황 보고** : 진행 상태를 공유하는 보고

162. **운영 로그**(Log) : 행사 진행 기록

163. **현장 모니터링** : 실시간 상황 확인

164. **피드백**(Feedback) : 개선을 위한 의견

165. **수정 사항** : 계획 변경 내용

166. **조율**(Coordinate) : 이해관계자 간 조정

167. **협업**(Collaboration) : 여러 팀이 함께 일하는 과정

168. **커뮤니케이션** : 정보 전달과 소통

169. **팀워크**(Teamwork) : 팀 간 협력 상태

170. **업무 분장** : 역할과 책임 배분

171. **업무 인수인계** : 정보와 업무 전달

172. **외주**(Vendor) : 외부 협력 업체

173. **업체 관리** : 외부 업체 조율 업무

174. **계약 범위** : 업체가 맡은 작업 범위

175. **납품 일정** : 결과물 제공 일정

176. **검수**(Check) : 결과물 확인 과정

177. **예산**(Budget) : 행사에 사용할 비용

178. **비용 관리** : 지출 통제 업무

179. **정산**(Settlement) : 비용 계산 마무리

180. **추가 비용** : 계획 외 발생 비용

181. **예비비** : 비상 대비 비용

182. **관객 응대** : 관객 안내와 관리

183. **출입 관리** : 입장 · 퇴장 통제

184. **VIP 관리** : 주요 인사 응대

185. **의전**(Protocol) : 공식 예절 절차

186. **현장 서비스** : 편의 제공 업무

187. **행사 종료**(Close) : 공식 마무리 단계

188. **현장 정리** : 장소 원상 복구

189. **철수 완료** : 모든 작업 종료 상태

190. **사후 회의** : 행사 후 평가 회의

191. **결과 보고서** : 행사 결과 정리 문서

192. **운영 완성도** : 행사 실행의 질

193. **프로덕션 퀄리티** : 제작 수준

194. **현장 안정성** : 사고 없이 진행된 상태

195. **재진행 가능성** : 반복 운영 가능 여부

196. **노하우**(Know-how) : 현장 경험에서 얻은 지식

197. **운영 개선안** : 다음 행사를 위한 제안

198. **표준화**(Standard) : 반복 적용 가능한 기준

199. **운영 체계** : 일의 흐름 구조

200. **행사 종료 선언** : 공식적인 종료 안내

Part 03

인력 · 역할

Staffñ&ñRole

201. **행사 운영**(Operation) : 행사의 전반적인 진행과 관리 활동

202. **연출**(Direction) : 행사 흐름과 표현을 설계하는 창의적 과정

203. **운영감독**(Operations Director) : 행사 실행과 현장 운영 총괄

204. **연출감독**(Show Director) : 콘텐츠 구성과 무대 연출 총괄

205. **프로덕션 매니저**(PM) : 일정 · 인력 · 예산을 관리하는 책임자

206. **현장 총괄**(Site Manager) : 행사장 전체 현장 관리 담당

207. **무대 감독**(Stage Manager) : 무대 진행과 출연자 동선 관리

208. **플로어 디렉터**(Floor Director) : 무대 위 실시간 진행 지휘

209. **운영 스태프**(Operation Staff) : 행사 운영을 지원하는 실무 인력

210. **연출 스태프**(Direction Staff) : 연출 실행을 보조하는 인력

211. **프로그램**(Program) : 행사 전체 구성 콘텐츠

212. **행사 콘셉트**(Concept) : 행사의 기획 의도와 방향성

213. **행사 구성안** : 행사 순서와 내용을 정리한 기획 문서

214. **타임테이블**(Time Table) : 시간 단위로 정리된 행사 일정

215. **러닝타임**(Running Time) : 행사 또는 프로그램의 총 진행 시간

216. **큐시트**(Cue Sheet) : 연출 · 기술 실행 타이밍 문서

217. **큐**(Cue) : 특정 시점에 실행되는 연출 지시

218. **큐 콜**(Cue Call) : 큐 실행을 알리는 현장 지시

219. **라이브 큐**(Live Cue) : 현장 상황에 따른 즉각적 지시

220. **시퀀스**(Sequence) : 연속적으로 구성된 연출 흐름

221. **오프닝**(Opening) : 행사의 시작 연출 구간

222. **엔딩**(Ending) : 행사의 종료 연출 구간

223. **클라이맥스**(Climax) : 연출의 최고조 구간

224. **전환**(Transition) : 프로그램 간 흐름 연결

225. **인터미션**(Intermission) : 행사 중간 휴식 구간

226. **리허설**(Rehearsal) : 행사 전 사전 연습

227. **드라이 리허설** : 장비 없이 진행 흐름만 점검

228. **테크 리허설** : 기술 장비 포함 종합 점검

229. **본행사**(Live Show) : 실제 행사 진행 단계

230. **프리오픈**(Pre-open) : 행사 시작 전 최종 점검

231. **현장 브리핑** : 스태프 대상 사전 안내

232. **운영 회의**(Operation Meeting) : 행사 운영 협의 회의

233. **연출 회의**(Direction Meeting) : 연출 방향 협의 회의

234. **상황 공유**(Briefing) : 현장 정보 전달

235. **의사 결정**(Decision Making) : 현장 판단 과정

236. **현장 통제**(Control) : 인력 · 동선 · 진행 관리

237. **동선 관리**(Flow Control) : 출연자 · 관객 이동 관리

238. **출연자 관리**(Talent Handling) : 출연자 일정 · 동선 관리

239. **대기 관리**(Holding) : 출연자 대기 상태 유지

240. **무대 전환**(Stage Change) : 무대 구성 변경 작업

241. **스탠바이**(Standby) : 실행 직전 대기 상태

242. **고**(Go) : 실행 개시 신호

243. **홀드**(Hold) : 진행 일시 중단 지시

244. **리셋**(Reset) : 상태를 초기로 되돌리는 조치

245. **컨티뉴**(Continue) : 중단 후 진행 재개

246. **현장 커뮤니케이션** : 무전 · 신호를 통한 소통

247. **무전기**(Radio) : 현장 통신 장비

248. **채널**(Channel) : 무전 통신 구분 번호

249. **콜사인**(Call Sign) : 인원 식별용 호출 명칭

250. **커맨드**(Command) : 감독의 공식 지시

251. **문제 발생**(Issue) : 예상 외 상황

252. **변수**(Variable) : 통제 어려운 요소

253. **대응**(Response) : 문제 해결 행동

254. 컨틴전시 플랜(Plan B) : 비상 대체 계획

255. 비상 상황(Emergency) : 즉각 조치가 필요한 상태

256. 지연(Delay) : 예정 시간보다 늦어지는 상황

257. 타임 푸시(Time Push) : 일정 압축 진행

258. 타임 홀드(Time Hold) : 일정 정지

259. 시간 조율(Time Control) : 진행 속도 조정

260. 현장 판단(On-site Decision) : 즉석 결정

261. 운영 매뉴얼 : 행사 진행 기준 문서

262. 스태프 리스트(Staff List) : 인력 명단

263. 연락망(Contact List) : 비상 연락 체계

264. 체크리스트(Checklist) : 점검 항목 목록

265. 운영 로그(Operation Log) : 진행 기록 문서

266. 관객 응대(Audience Handling) : 관객 안내 · 관리

267. VIP 응대(VIP Protocol) : 주요 인사 대응 절차

268. 의전(Protocol) : 공식 행사 예절 절차

269. 좌석 배치(Seating Plan) : 관객 좌석 구성

270. 입 · 퇴장 관리(Access Control) : 출입 통제

271. 현장 분위기(Control Mood) : 행사 흐름과 텐션 관리

272. **집중도**(Engagement) : 관객 몰입도

273. **현장 텐션**(Tension) : 행사 에너지 상태

274. **리듬**(Rhythm) : 진행 속도와 흐름

275. **템포**(Tempo) : 연출 진행 속도

276. **즉흥 연출**(Improvisation) : 상황 대응 연출

277. **연출 의도**(Directing Intention) : 표현 목표

278. **메시지**(Message) : 행사가 전달하려는 핵심 내용

279. **스토리라인**(Storyline) : 행사 전체 흐름 구조

280. **연출 포인트** : 강조 구간

281. **현장 모니터링** : 실시간 상황 확인

282. **상황 보고**(Status Report) : 진행 상태 공유

283. **피드백**(Feedback) : 개선 의견

284. **사후 회의**(Post Meeting) : 행사 종료 후 평가

285. **결과 보고서** : 행사 성과 정리 문서

286. **운영 종료**(Close) : 행사 마무리 단계

287. **철수 관리**(Load-out Control) : 행사 후 정리

288. **현장 정리**(Clear Site) : 장소 원상 복구

289. **사고 보고**(Incident Report) : 문제 발생 기록

290. **리스크 관리**(Risk Management) : 위험 요소 관리

291. **운영 완성도** : 행사 실행 품질

292. **연출 완성도** : 연출 구현 수준

293. **현장 안정성** : 사고 없는 진행 상태

294. **팀워크**(Teamwork) : 스태프 간 협업

295. **커뮤니케이션 효율** : 소통의 원활함

296. **총평**(Overall Review) : 행사 종합 평가

297. **개선 사항** : 차후 보완 요소

298. **운영 노하우** : 현장 경험 지식

299. **연출 레퍼런스** : 참고 사례

300. **행사 후기** : 행사 종료 후 참가객 반응(온라인)

Part 04

무대·구조물
Stage & Structure

301. **무대**(Stage) : 공연과 행사가 진행되는 주 공간

302. **메인 무대**(Main Stage) : 행사 중심이 되는 주 무대

303. **서브 무대**(Sub Stage) : 보조 또는 부가 공연용 무대

304. **확장 무대**(Extension Stage) : 기존 무대를 앞이나 옆으로 확장한 구조

305. **런웨이**(Runway) : 관객 쪽으로 돌출된 무대 통로

306. **센터 스테이지**(Center Stage) : 관객에 둘러싸인 중앙 무대

307. **플랫폼**(Platform) : 높이를 가진 기본 무대 구조물

308. **데크**(Deck) : 무대 바닥 판재

309. **무대 높이**(Stage Height) : 바닥에서 무대까지의 높이

310. **레벨**(Level) : 무대의 높이 단계

311. **단차**(Step) : 높이 차이를 연결하는 계단 구조

312. **계단**(Stairs) : 출연자 이동용 구조물

313. **경사로**(Ramp) : 장비 · 휠체어 이동용 경사 구조

314. **난간**(Handrail) : 추락 방지를 위한 손잡이

315. **안전 가드**(Safety Guard) : 무대 가장자리 보호 구조

316. **백월**(Back Wall) : 무대 뒤쪽 구조물

317. **배경 구조물**(Backdrop Structure) : 배경 설치용 프레임

318. **세트**(Set) : 무대 위 설치된 연출 구조물

319. **무대 세트**(Stage Set) : 공연 연출용 고정 구조물

320. **세트 체인지**(Set Change) : 무대 구조물 교체 작업

321. **트러스**(Truss) : 조명 · 장비를 거는 금속 구조물

322. **알루미늄 트러스** : 경량 트러스 구조

323. **사각 트러스**(Box Truss) : 사각 형태 구조물

324. **삼각 트러스**(Triangle Truss) : 삼각 형태 경량 구조

325. **서스펜션 트러스**(Suspension Truss) : 공중에 매다는 구조물

326. **그라운드 서포트**(Ground Support) : 바닥에 세운 트러스 구조

327. **플라잉**(Flying) : 상부 구조물을 공중에 띄우는 작업

328. **리깅**(Rigging) : 구조물 고정 및 하중 분산 작업

329. **리깅 포인트**(Rigging Point) : 하중을 거는 지점

330. **하중**(Load) : 구조물이 견뎌야 하는 무게

331. **허용 하중**(SWL) : 구조물이 안전하게 버틸 수 있는 최대 하중

332. **체인 모터**(Chain Motor) : 구조물을 들어 올리는 전동 장치

333. **수동 호이스트**(Hoist) : 수동식 승강 장치

334. **와이어 로프**(Wire Rope) : 구조물 고정용 강선

335. **샤클**(Shackle) : 와이어 연결 금속 고리

336. **턴버클**(Turnbuckle) : 장력 조절 장치

337. **슬링**(Sling) : 하중 지지용 끈 또는 벨트

338. **세이프티 와이어**(Safety Wire) : 낙하 방지용 보조 고정

339. **브레이싱**(Bracing) : 구조물 흔들림 방지 보강

340. **앵커**(Anchor) : 바닥 고정 장치

341. **베이스 플레이트**(Base Plate) : 트러스 하단 받침판

342. **카운터 웨이트**(Counter Weight) : 무게 균형을 위한 추

343. **플로어 마킹**(Floor Marking) : 위치 표시용 바닥 테이프

344. **블랙 텐션**(Black Tension) : 배경 가림용 검정 천

345. **스크림**(Scrim) : 빛 투과용 얇은 천

346. **막**(Drape) : 공간 분리 · 가림용 천

347. **사이드 막**(Side Drape) : 무대 측면 가림막

348. **상부 막**(Top Masking) : 상단 가림 구조

349. **백 드롭**(Backdrop) : 무대 뒤 배경막

350. **프린트 배너**(Print Banner) : 인쇄된 무대 장식물

351. **LED 구조물 프레임** : LED 스크린 지지 구조

352. **스크린 타워**(Screen Tower) : 대형 화면 설치 구조

353. **타워 구조물**(Tower) : 높이 확보용 구조물

354. **캐노피**(Canopy) : 상부 덮개 구조

355. **텐트**(Tent) : 야외 행사 보호 구조물

356. **방수 커버** : 비 · 먼지 차단용 덮개

357. **바람 하중**(Wind Load) : 바람으로 인한 압력

358. **기상 대응 구조** : 날씨 대비 설계

359. **야외 무대**(Outdoor Stage) : 외부 설치 무대

360. **실내 무대**(Indoor Stage) : 실내 설치 무대

361. **조립식 무대**(Modular Stage) : 분해 · 조립 가능한 무대

362. **철골 구조**(Steel Structure) : 강철 기반 구조물

363. **목재 구조**(Wood Structure) : 나무 소재 구조물

364. **바닥 보강**(Floor Reinforcement) : 하중 대비 바닥 강화

365. **방음 패널** : 소음 차단 구조물

366. **출연자 동선**(Stage Path) : 출연자 이동 경로

367. **장비 동선**(Load-in Path) : 장비 반입 이동로

368. **로드인**(Load-in) : 장비 반입 작업

369. **로드아웃**(Load-out) : 장비 반출 작업

370. **설치**(Set-up) : 구조물 설치 과정

371. 해체(Dismantling) : 구조물 철수 작업

372. 시공 도면(Technical Drawing) : 구조 설계 도면

373. 무대 플랜(Stage Plan) : 무대 배치 설계도

374. 구조 검토(Structural Check) : 안전성 점검

375. 안전 점검(Safety Inspection) : 사고 예방 확인

376. 현장 관리자(Site Manager) : 구조물 설치 총괄

377. 무대 감독(Stage Manager) : 무대 운영 책임자

378. 구조 엔지니어 : 구조 안전 담당 전문가

379. 작업 허가(Work Permit) : 설치 작업 승인

380. 위험 구역(Hazard Zone) : 출입 제한 구역

381. 펜스(Fence) : 접근 통제 구조물

382. 바리케이드(Barricade) : 관객 통제용 구조

383. 출입 통제 라인 : 안전 경계선

384. 백스테이지(Backstage) : 무대 뒤 운영 공간

385. 대기실(Green Room) : 출연자 대기 공간

386. 컨트롤 부스(Control Booth) : 기술 운영 공간

387. FOH 구조물 : 관객석 음향 · 영상 구조

388. 케이블 트레이 : 배선 정리 구조

389. 커버 플레이트 : 바닥 보호판

390. **논슬립 패드** : 미끄럼 방지 자재

391. **조도 확보 구조** : 안전 시야 확보 설계

392. **비상 동선**(Egress Route) : 비상 탈출 경로

393. **소방 통로** : 소방 접근 경로

394. **안전 표지**(Signage) : 경고 · 안내 표식

395. **야광 표시** : 어두운 환경용 표식

396. **현장 테스트** : 설치 후 점검

397. **프리오픈 점검** : 행사 전 최종 확인

398. **본행사 운영** : 실제 행사 진행 단계

399. **구조물 유지관리** : 행사 중 상태 점검

400. **철수 완료**(Clear Site) : 구조물 완전 제거 상태

Part **05**

음향 Sound

401. 음향(Sound) : 행사에서 전달되는 모든 소리 요소

402. 사운드 디자인(Sound Design) : 음향을 통한 전체 청각 연출 설계

403. 음향 감독(Sound Director) : 음향 시스템과 연출을 총괄하는 책임자

404. 음향 엔지니어(Sound Engineer) : 장비 세팅과 운영을 담당하는 기술자

405. 음향 스태프 : 설치 · 운영 · 철수를 담당하는 현장 인력

406. PA 시스템(Public Address) : 관객에게 소리를 전달하는 음향 시스템

407. 메인 스피커(Main Speaker) : 주 음향을 출력하는 스피커

408. 서브우퍼(Subwoofer) : 저음을 담당하는 스피커

409. 딜레이 스피커(Delay Speaker) : 거리 보정을 위한 보조 스피커

410. 프론트필(Front Fill) : 무대 앞 보강용 스피커

411. 사이드필(Side Fill) : 측면 음향 보강 스피커

412. 모니터 스피커(Monitor) : 출연자용 청취 스피커

413. 인이어(In-Ear Monitor) : 귀에 착용하는 개인 모니터

414. **믹서**(Mixer) : 여러 음원을 조절 · 합성하는 장비

415. **콘솔**(Console) : 믹서의 조작 패널

416. **디지털 콘솔** : 디지털 방식의 믹싱 장비

417. **아날로그 콘솔** : 물리 회로 기반 믹서

418. **채널**(Channel) : 개별 음향 입력 단위

419. **페이더**(Fader) : 소리 크기를 조절하는 슬라이더

420. **게인**(Gain) : 입력 신호 증폭 조절

421. EQ(Equalizer) : 주파수 대역을 조절하는 기능

422. **하이패스 필터**(HPF) : 저주파를 제거하는 필터

423. **로우패스 필터**(LPF) : 고주파를 제거하는 필터

424. **컴프레서**(Compressor) : 음량 차이를 줄이는 장치

425. **리미터**(Limiter) : 과도한 음량을 제한하는 장치

426. **노이즈 게이트**(Noise Gate) : 일정 이하 소리를 차단하는 기능

427. **이펙터**(Effector) : 소리에 효과를 추가하는 장비

428. **리버브**(Reverb) : 공간 울림 효과

429. **딜레이**(Delay) : 소리를 시간차로 반복하는 효과

430. **믹스**(Mix) : 여러 음원을 조합한 결과

431. **마스터**(Master) : 전체 음향 출력 제어

432. 서브그룹(Sub Group) : 채널 묶음 제어 그룹

433. AUX(Auxiliary) : 보조 출력 채널

434. 모니터 믹스(Monitor Mix) : 출연자용 개별 믹스

435. FOH(Front of House) : 관객석 음향 제어 위치

436. 라인(Line) : 음향 신호 경로

437. 라인 입력(Line In) : 장비 신호 입력 단자

438. 라인 출력(Line Out) : 장비 신호 출력 단자

439. 패치(Patch) : 신호 연결 설정

440. 패치베이(Patch Bay) : 신호 연결 관리 장치

441. 마이크(Microphone) : 소리를 전기 신호로 변환하는 장치

442. 유선 마이크 : 케이블 연결 방식 마이크

443. 무선 마이크 : 무선 송수신 방식 마이크

444. 핸드 마이크 : 손에 들고 사용하는 마이크

445. 핀 마이크(Lavalier) : 옷에 부착하는 마이크

446. 헤드셋 마이크 : 머리에 착용하는 마이크

447. 송신기(Transmitter) : 무선 마이크 신호 송출 장치

448. 수신기(Receiver) : 무선 신호를 받는 장치

449. 주파수(Frequency) : 신호 파형의 반복 속도

450. 주파수 충돌 : 무선 신호 간섭 현상

451. **피드백**(Feedback) : 마이크 · 스피커 간 순환 잡음

452. **노이즈**(Noise) : 원치 않는 소리

453. **험**(Hum) : 전기 간섭으로 발생하는 저주파 소음

454. **클리핑**(Clipping) : 신호 과부하로 인한 왜곡

455. **디스토션**(Distortion) : 소리의 왜곡 현상

456. **레벨**(Level) : 음량의 크기

457. **밸런스**(Balance) : 음원 간 음량 균형

458. **팬**(Pan) : 좌우 스테레오 위치 조절

459. **모노**(Mono) : 단일 채널 음향

460. **스테레오**(Stereo) : 좌우 분리 음향

461. **사운드 체크**(Sound Check) : 행사 전 음향 점검

462. **라인 체크**(Line Check) : 신호 경로 확인 작업

463. **테스트 톤**(Test Tone) : 장비 점검용 기준 음

464. **리허설**(Rehearsal) : 실제 음향으로 진행 연습

465. **테크 리허설** : 장비 포함 종합 리허설

466. **큐**(Cue) : 특정 시점에 음향을 실행하는 신호

467. **큐시트**(Cue Sheet) : 음향 실행 타이밍 문서

468. **오프닝 큐** : 행사 시작 음향

469. **엔딩 큐** : 행사 종료 음향

470. 효과음(SFX) : 연출용 효과 소리

471. BGM(Back Ground Music) : 배경 음악

472. MR : 보컬 제외 반주 음원

473. 플레이백(Playback) : 음원 재생

474. 플레이어(Player) : 음원 재생 장치

475. 샘플레이트(Sample Rate) : 디지털 음향 해상도 기준

476. 비트레이트(Bit Rate) : 음향 데이터 전송량

477. 파일 포맷(Audio Format) : 음원 저장 형식

478. 레코딩(Recording) : 소리를 저장하는 작업

479. 백업 음원 : 장애 대비 예비 음원

480. 이중화(Redundancy) : 시스템 예비 구성

481. 케이블(Cable) : 음향 신호 전달 선

482. XLR 케이블 : 마이크용 표준 케이블

483. TRS 케이블 : 라인 신호용 케이블

484. DI 박스(DI Box) : 신호 변환 장치

485. 그라운드 루프 : 접지 문제로 생기는 노이즈

486. 전원(Power) : 음향 장비 구동 전기

487. 분전함(Power Box) : 전원 분배 장치

488. **백업 전원** : 정전 대비 전력

489. **비상 차단** : 긴급 전원 차단

490. **안전 점검** : 사고 예방 확인

491. **현장 모니터링** : 실시간 음향 상태 확인

492. **오퍼레이팅** : 음향 장비 조작

493. **시스템 체크** : 전체 음향 점검

494. **트러블슈팅** : 문제 원인 해결

495. **사운드 밸런싱** : 음향 최적화 작업

496. **클린 사운드** : 잡음 없는 깨끗한 음향

497. **어택**(Attack) : 소리의 시작 반응

498. **릴리즈**(Release) : 소리 감쇠 시간

499. **현장 송출** : 실시간 음향 출력

500. **철수**(Dismantling) : 음향 장비 해체 작업

Part 06

조명 Lighting

501. 조명(Lighting) : 무대와 공간을 밝히고 분위기를 연출하는 요소

502. 라이팅 디자인(Lighting Design) : 조명을 통한 시각적 연출 설계

503. 조명 감독(LD, Lighting Director) : 조명 연출과 운영을 총괄하는 책임자

504. 조명 오퍼레이터 : 콘솔을 조작하는 실무 인력

505. 조명 스태프 : 설치 · 운영 · 철수를 담당하는 기술 인력

506. 무빙라이트(Moving Light) : 방향과 색상을 자유롭게 제어하는 조명

507. 무빙 헤드(Moving Head) : 자동 회전이 가능한 조명 장비

508. 고보(Gobo) : 빛에 패턴을 투사하는 금속 또는 유리 필터

509. 파라이트(Par Light) : 고정형 기본 조명 장비

510. PAR 캔 : 전통적인 파라이트 조명

511. 엘이디 파라(LED PAR) : LED 광원을 사용하는 파라이트

512. 빔 라이트(Beam Light) : 직선성이 강한 조명

513. 워시 라이트(Wash Light) : 넓은 면적을 채우는 조명

514. 스폿 라이트(Spot Light) : 특정 대상에 초점을 맞추는 조명

515. **팔로우 스폿**(Follow Spot) : 출연자를 따라 움직이는 조명

516. **블라인더**(Blinder) : 관객을 향해 강한 빛을 주는 조명

517. **스트로브**(Strobe) : 빠른 점멸 효과를 주는 조명

518. **픽셀 바**(Pixel Bar) : 개별 LED 제어가 가능한 바 형태 조명

519. **무드 조명** : 공간 분위기 연출용 조명

520. **포인트 조명** : 특정 지점을 강조하는 조명

521. **디머**(Dimmer) : 조명 밝기를 조절하는 장치

522. **디머 팩**(Dimmer Pack) : 다수 조명을 제어하는 디머 장비

523. **DMX** : 조명 제어를 위한 국제 표준 신호

524. **DMX 어드레스** : 장비에 할당된 제어 주소

525. **패치**(Patch) : 콘솔과 조명 장비를 연결하는 설정

526. **조명 콘솔**(Lighting Console) : 조명 제어용 메인 장비

527. **프리셋**(Preset) : 미리 저장한 조명 상태

528. **큐**(Cue) : 특정 타이밍에 실행되는 조명 명령

529. **큐 스택**(Cue Stack) : 큐를 순서대로 배열한 구조

530. **서브마스터**(Submaster) : 그룹 조명을 개별 제어하는 기능

600. **조명 해체**(Dismantling) : 철수 작업

531. **페이더**(Fader) : 밝기를 수동 조절하는 슬라이더

532. **마스터 페이더** : 전체 밝기를 제어하는 페이더

533. **그룹**(Group) : 여러 조명을 묶은 제어 단위

534. **씬**(Scene) : 특정 조명 상태 조합

535. **체이스**(Chase) : 조명이 순차적으로 움직이는 효과

536. **팬**(Pan) : 좌우 회전 각도

537. **틸트**(Tilt) : 상하 회전 각도

538. **줌**(Zoom) : 빛의 확산 범위 조절

539. **아이리스**(Iris) : 빛의 크기를 조절하는 장치

540. **포커스**(Focus) : 빛의 선명도 조절

541. **컬러**(Color) : 조명의 색상

542. **컬러 믹싱**(Color Mixing) : 색상을 혼합하는 기능

543. **컬러 휠**(Color Wheel) : 장비 내 색상 디스크

544. **컬러 젤**(Color Gel) : 색상을 바꾸는 필터

545. **색 온도**(Color Temperature) : 빛의 따뜻함 · 차가움 수치

546. **화이트 밸런스** : 기본 흰색 기준 조정

547. **조도**(Illuminance) : 빛의 밝기 정도

548. **루멘**(Lumen) : 광량 단위

549. **럭스**(Lux) : 조도 측정 단위

550. **명암 대비**(Contrast) : 밝고 어두움의 차이

551. 하이라이트(Highlight) : 가장 밝은 조명 영역

552. 섀도우(Shadow) : 빛에 의해 생기는 그림자

553. 백라이트(Back Light) : 뒤에서 비추는 조명

554. 프론트 라이트(Front Light) : 정면에서 비추는 조명

555. 사이드 라이트(Side Light) : 측면에서 비추는 조명

556. 탑 라이트(Top Light) : 위에서 내려오는 조명

557. 로우 앵글(Low Angle) : 낮은 각도의 조명

558. 하이 앵글(High Angle) : 높은 각도의 조명

559. 레이어링(Layering) : 조명을 겹쳐 사용하는 기법

560. 밸런스(Balance) : 조명 간 밝기 균형

561. 큐 타이밍 : 큐 실행 속도 설정

562. 페이드 인(Fade In) : 점점 밝아지는 전환

563. 페이드 아웃(Fade Out) : 점점 어두워지는 전환

564. 크로스 페이드(Cross Fade) : 두 큐 간 전환

565. 블랙아웃(Blackout) : 모든 조명을 끄는 상태

566. 풀업(Full Up) : 최대 밝기 상태

567. 레벨(Level) : 조명 밝기 수치

568. 테스트 큐 : 점검용 조명 명령

569. 라이트 체크(Light Check) : 조명 작동 점검

570. 포커스 작업(Focus Work) : 조명 방향·범위 조정

571. 셋업(Set-up) : 조명 설치 과정

572. 트러스(Truss) : 조명을 거는 구조물

573. 리깅(Rigging) : 조명 장비 고정 작업

574. 플라잉(Flying) : 상부 구조물 설치

575. 안전 와이어(Safety Wire) : 낙하 방지 장치

576. 하중(Load) : 구조물이 견뎌야 하는 무게

577. 전원(Power) : 조명 구동을 위한 전기

578. 분전함(Power Box) : 전원 분배 장치

579. 케이블 정리 : 안전을 위한 배선 정돈

580. 라인 분리 : 전원·신호 케이블 분리 배치

581. 현장 큐 콜 : 연출에 따른 조명 실행 지시

582. 조명 리허설 : 실제 조명으로 사전 점검

583. 테크 리허설 : 장비 포함 전체 리허설

584. 본행사 : 실제 공연·행사 진행

585. 백업 콘솔 : 장애 대비 예비 장비

586. DMX 노이즈 : 신호 간섭 현상

587. 신호 드롭 : 조명 신호 끊김

588. **장비 리셋** : 오류 시 초기화

589. **비상 차단** : 긴급 전원 차단

590. **안전 점검** : 사고 예방 점검

591. **조명 플랜**(Lighting Plan) : 조명 배치 도면

592. **포지션**(Position) : 조명 설치 위치

593. **포커스 포인트** : 빛이 집중되는 지점

594. **큐 넘버**(Cue Number) : 큐 식별 번호

595. **라이브 큐**(Live Cue) : 즉석 실행 큐

596. **조명 연동** : 음향 · 영상과의 동기화

597. **클라이맥스 큐** : 연출 최고조 조명

598. **엔딩 큐** : 종료용 조명 연출

599. **오프닝 큐** : 시작 연출 조명

600. **조명 해체**(Dismantling) : 철수 작업

Part 07

영상·중계
Video & Broadcast

601. **영상**(Video) : 시각 정보를 전달하는 모든 화면 콘텐츠

602. **중계**(Broadcast) : 현장 영상을 실시간으로 송출하는 행위

603. **라이브 중계**(Live Broadcast) : 행사 현장을 실시간으로 전달하는 방식

604. **송출**(Output) : 최종 영상 신호를 외부로 내보내는 과정

605. **입력**(Input) : 카메라나 장비에서 영상 신호를 받는 과정

606. **신호**(Signal) : 영상 · 음성 데이터의 전송 단위

607. **비디오 소스**(Video Source) : 영상 신호를 생성하는 장비

608. **카메라**(Camera) : 영상을 촬영하는 장비

609. **ENG 카메라** : 방송용 현장 촬영 카메라

610. **시네 카메라**(Cinema Camera) : 고화질 연출용 촬영 장비

611. **PTZ 카메라** : 원격으로 방향 · 줌 제어가 가능한 카메라

612. **삼각대**(Tripod) : 카메라를 고정하는 지지대

613. **짐벌**(Gimbal) : 흔들림을 보정하는 촬영 장비

614. **크레인**(Crane) : 고정 · 이동 촬영을 위한 대형 장비

615. **레일**(Rail) : 카메라 이동을 위한 바닥 설치 구조물

616. **렌즈**(Lens) : 카메라 화각을 결정하는 장치

617. 줌(Zoom) : 화면 확대 · 축소 기능

618. 포커스(Focus) : 초점 조절 기능

619. 화이트밸런스(White Balance) : 색온도 보정 설정

620. 프레임(Frame) : 영상의 최소 구성 단위

621. 프레임레이트(Frame Rate) : 초당 표시되는 프레임 수

622. 해상도(Resolution) : 영상의 화질 수준

623. 비율(Aspect Ratio) : 화면 가로 · 세로 비율

624. LED 월(LED Wall) : 대형 영상 출력을 위한 LED 디스플레이

625. LED 스크린 : 행사장에서 사용하는 LED 화면 장치

626. 픽셀 피치(Pixel Pitch) : LED 화질을 결정하는 픽셀 간 거리

627. 프로젝터(Projector) : 영상을 투사하는 장비

628. 스크린(Screen) : 프로젝터 영상을 받는 표면

629. 밝기(Brightness) : 화면의 광량

630. 명암비(Contrast) : 밝고 어두운 영역의 차이

631. 비디오 스위처(Video Switcher) : 여러 영상 소스를 전환하는
    장비

632. 스위칭(Switching) : 영상 소스를 바꾸는 동작

633. 컷(Cut) : 즉각적인 화면 전환

634. 페이드(Fade) : 점진적 화면 전환 효과

635. 디졸브(Dissolve) : 화면이 겹치며 전환되는 효과

636. 믹스(Mix) : 두 화면을 혼합하는 전환 방식

637. 멀티뷰(Multiview) : 여러 소스를 동시에 확인하는 화면

638. 프리뷰(Preview) : 전환 전 미리 보는 화면

639. 프로그램 아웃(Program Out) : 실제 송출되는 최종 화면

640. 백업 라인(Backup Line) : 예비 영상 송출 경로

641. 이중화(Redundancy) : 장애 대비를 위한 시스템 중복 구성

642. 비디오 믹서(Video Mixer) : 영상 합성 · 전환 장비

643. 컨버터(Converter) : 신호 포맷을 변환하는 장치

644. 스케일러(Scaler) : 해상도를 조정하는 장비

645. 신호 분배기(Distributor) : 하나의 신호를 여러 장비로 분배

646. 케이블(Cable) : 영상 신호 전달 선로

647. SDI : 방송용 디지털 영상 신호 규격

648. HDMI : 일반 영상 신호 규격

649. 광케이블(Fiber) : 장거리 영상 전송용 케이블

650. 지연(Latency) : 영상 신호 전달 시 발생하는 시간 차

651. 동기화(Sync) : 음향 · 조명과 영상 타이밍을 맞추는 과정

652. **싱크 오류**(Sync Error) : 영상과 음향이 어긋나는 현상

653. **인제스트**(Ingest) : 영상 파일을 시스템에 입력하는 과정

654. **플레이백**(Playback) : 저장된 영상을 재생하는 행위

655. **플레이어**(Player) : 영상 재생 장비 또는 소프트웨어

656. **미디어 서버**(Media Server) : 영상 콘텐츠를 관리·송출하는 시스템

657. **큐**(Cue) : 특정 시점에 영상을 실행하는 신호

658. **영상 큐**(Video Cue) : 영상 재생 타이밍 지점

659. **자막**(Caption) : 화면에 표시되는 문자 정보

660. CG(Character Generator) : 그래픽·자막 생성 시스템

661. **그래픽**(Graphics) : 영상 위에 삽입되는 시각 요소

662. **로워서드**(Lower Third) : 화면 하단 자막 영역

663. PIP(Picture in Picture) : 화면 속 화면 **구성**

664. **배경 영상**(Background Video) : 무대 배경으로 사용되는 영상

665. **라이브 피드**(Live Feed) : 실시간 카메라 영상 신호

666. **클린 피드**(Clean Feed) : 자막 없는 원본 영상

667. **송출 화면**(Monitor Out) : 현장 확인용 출력 화면

668. **리턴 모니터**(Return Monitor) : 출연자용 모니터 화면

669. **프로그램 모니터** : 실제 송출 화면 확인용 모니터

670. **프리뷰 모니터** : 전환 전 영상 확인 모니터

671. **스트리밍**(Stream) : 온라인으로 영상 데이터를 전송하는 방식

672. **플랫폼**(Platform) : 중계가 이루어지는 온라인 서비스

673. **인코더**(Encoder) : 영상 신호를 압축 · 변환하는 장치

674. **디코더**(Decoder) : 압축된 영상을 복원하는 장치

675. **비트레이트**(Bit Rate) : 영상 데이터 전송 속도

676. **네트워크**(Network) : 영상 전송을 위한 통신 환경

677. **업로드**(Upload) : 데이터를 서버로 전송하는 과정

678. **다운로드**(Download) : 데이터를 수신하는 과정

679. **스트림 키**(Stream Key) : 송출 인증용 코드

680. **플랫폼 지연** : 온라인 송출 시 발생하는 딜레이

681. **레코딩**(Recording) : 영상을 저장하는 작업

682. **아카이빙**(Archiving) : 영상 자료를 보관하는 과정

683. **백업 녹화** : 장애 대비용 예비 저장

684. **파일 포맷**(File Format) : 영상 저장 형식

685. **코덱**(Codec) : 영상 압축 · 해제 방식

686. **에디팅**(Editing) : 영상 편집 작업

687. **컷편집** : 불필요한 장면 제거 편집

688. **컬러 보정**(Color Grading) : 색감을 조정하는 작업

689. **출력 테스트** : 송출 전 화면 점검

690. **영상 테스트 패턴** : 장비 점검용 기준 화면

691. **라인 체크**(Line Check) : 영상 신호 경로 점검

692. **시스템 체크**(System Check) : 장비 전체 점검

693. **테크 리허설** : 실제 장비로 진행하는 사전 테스트

694. **드라이 리허설** : 장비 없이 진행 흐름 점검

695. **오퍼레이터**(Operator) : 영상 장비 조작 인력

696. **비디오 엔지니어** : 영상 시스템 기술 담당자

697. **현장 송출팀** : 중계를 담당하는 운영 조직

698. **영상 컨트롤룸** : 영상 제어 공간

699. **비상 송출** : 장애 발생 시 대체 송출

700. **엔딩 송출** : 행사 종료 시 최종 영상 출력

Part 08

특수효과
Special Effect

701. **특수효과**(Special Effect) : 시각 · 청각적 자극으로 연출 효과를 강화하는 장치

702. **이펙트**(Effect) : 연출 목적의 모든 효과 요소 총칭

703. **연출효과** : 프로그램 몰입도를 높이기 위한 보조 연출 수단

704. **컨페티**(Confetti) : 종이나 필름 조각을 분사하는 효과

705. **스트리머**(Streamer) : 긴 띠 형태의 종이를 발사하는 효과

706. **CO_2 효과** : 이산화탄소를 순간 분사하는 연출

707. **에어샷**(Air Shot) : 압축 공기를 이용한 분사 효과

708. **스모그 머신**(Smoke Machine) : 연기를 대량 발생시키는 장비

709. **포그 머신**(Fog Machine) : 바닥이나 공간에 연무를 형성하는 장비

710. **헤이저**(Hazer) : 조명을 강조하기 위한 미세 연무 장비

711. **로우포그**(Low Fog) : 바닥에 깔리는 안개 효과

712. **드라이아이스 효과** : 얼음을 이용한 저층 안개 연출

713. **불꽃 효과**(Pyro Effect) : 화염을 이용한 연출 효과

714. **파이로**(Pyrotechnics) : 폭발 · 화염 기반 특수효과 총칭

715. **스파크 머신**(Spark Machine) : 불꽃처럼 보이는 냉화염 장비

716. **콜드 스파크**(Cold Spark) : 열이 없는 불꽃 연출

717. **플레임 머신**(Flame Machine) : 화염을 분사하는 장비

718. **파이어볼**(Fireball) : 공중 화염 폭발 연출

719. **불꽃 분사 각도** : 화염 발사 방향 설정 값

720. **점화 시스템** : 불꽃 효과를 제어하는 장치

721. **레이저**(Laser) : 빛의 직진성을 활용한 시각 효과

722. **레이저 쇼**(Laser Show) : 레이저를 활용한 연출 프로그램

723. **스캐닝 레이저** : 공간을 훑으며 움직이는 레이저

724. **빔 효과**(Beam Effect) : 직선 형태의 강한 광선 연출

725. **라이트 이펙트**(Light Effect) : 조명 기반 특수효과

726. **플래시 효과**(Flash Effect) : 순간적으로 강한 빛을 내는 효과

727. **스트로브**(Strobe) : 빠른 점멸로 긴장감을 주는 효과

728. **블라인더**(Blinder) : 관객 방향으로 강한 조도를 주는 조명

729. **워터 캐논**(Water Cannon) : 물을 분사하는 연출 효과

730. **미스트 효과**(Mist Effect) : 물 안개를 활용한 효과

731. **버블 머신**(Bubble Machine) : 비눗방울을 발생시키는 장비

732. **스노우 머신**(Snow Machine) : 인공 눈을 분사하는 장비

733. **폼 머신**(Foam Machine) : 거품을 생성하는 특수효과

734. 페이퍼 샷(Paper Shot) : 종이 조각 분사 장비

735. 메탈릭 컨페티 : 반사 재질의 컨페티

736. 드롭 방식 컨페티 : 상부에서 떨어뜨리는 방식

737. 캐논 방식 컨페티 : 압축 발사 방식

738. 에어 캐논(Air Cannon) : 공기 압력 분사 장비

739. 타이밍 트리거 : 효과 발동 시점을 제어하는 장치

740. 이펙트 큐(Effect Cue) : 특수효과 실행 신호

741. 큐 포인트(Cue Point) : 효과 발동 정확 시점

742. 연동 시스템 : 조명 · 음향과 효과를 동시에 제어하는 구조

743. DMX 연동 : 조명 신호로 효과를 제어하는 방식

744. 컨트롤러(Controller) : 특수효과 제어 장비

745. 리모트 트리거 : 원격으로 효과를 실행하는 장치

746. 수동 트리거 : 직접 조작으로 발동하는 방식

747. 자동 시퀀스 : 프로그램화된 효과 실행

748. 안전 반경(Safety Zone) : 효과 장비 주변 통제 구역

749. 이격 거리 : 관객 · 무대와의 최소 거리

750. 방열 거리 : 열 발생 장비의 안전 거리

751. 화재 감지기 차단 : 연기로 인한 오작동 방지 조치

752. **소방 협의** : 불꽃 효과 전 필수 행정 절차

753. **허가 효과** : 사전 승인 후 사용 가능한 효과

754. **비허가 효과** : 실내 사용이 제한된 효과

755. **실내 효과** : 실내 공간에 적합한 효과

756. **실외 효과** : 야외 행사 전용 효과

757. **풍향 고려** : 연기 · 불꽃 방향 사전 계산

758. **바람 변수** : 효과 연출에 영향을 주는 환경 요소

759. **습도 영향** : 효과 가시성에 영향을 주는 요소

760. **잔여물 관리** : 컨페티 · 연기 잔여 처리

761. **청소 동선** : 효과 후 정리 계획

762. **효과 리허설** : 실제 발동 전 테스트

763. **테스트 샷** : 소규모 시험 발사

764. **풀 샷**(Full Shot) : 실제 연출 강도 발동

765. **연출 강도**(Level) : 효과 세기 조절 값

766. **효과 지속 시간** : 발동 후 유지 시간

767. **분사 높이** : 효과의 수직 도달 범위

768. **분사 폭** : 효과의 수평 범위

769. **효과 중단 스위치** : 비상 차단 장치

770. **이머전시 스톱**(E-Stop) : 긴급 정지 버튼

771. **안전 요원 배치** : 효과 주변 인력 배치

772. **현장 감시** : 효과 실행 중 모니터링

773. **사고 리스크** : 효과 사용 시 잠재 위험

774. **리스크 평가** : 효과 사용 전 위험 분석

775. **보험 적용 효과** : 보험 보장 범위 포함 여부

776. **보험 제외 효과** : 보험 적용이 안 되는 효과

777. **소음 효과** : 폭음 기반 연출

778. **음향 연동 효과** : 사운드와 함께 실행되는 효과

779. **비주얼 클라이맥스** : 연출 최고조 구간 효과

780. **엔딩 효과** : 행사 종료 시 사용 효과

781. **오프닝 효과** : 행사 시작 연출 효과

782. **하이라이트 효과** : 핵심 순간 강조 효과

783. **인터벌 효과** : 중간 전환용 효과

784. **카운트다운 효과** : 숫자 연출과 함께 사용

785. **퍼포먼스 연계 효과** : 출연자 동작과 연동

786. **관객 반응 효과** : 관객 참여형 연출

787. **서프라이즈 효과** : 예상치 못한 연출

788. **몰입 효과** : 분위기 집중 유도 효과

789. **장면 전환 효과** : 씬 변경 시 사용

790. **공간 확장 효과** : 무대를 넓어 보이게 하는 효과

791. **시야 차단 효과** : 순간적으로 시야를 가리는 연출

792. **시야 개방 효과** : 갑작스러운 공간 공개 연출

793. **백드롭 효과** : 배경 강조용 효과

794. **프론트 효과** : 무대 전면에서 실행

795. **오버헤드 효과** : 상부에서 실행되는 효과

796. **플로어 효과** : 바닥에서 실행되는 효과

797. **사이드 효과** : 무대 측면 연출

798. **동시 발동 효과** : 여러 장비를 동시에 실행

799. **순차 발동 효과** : 시간차를 두고 실행

800. **연출 포인트 효과** : 메시지를 강조하는 핵심 효과

Part 09

안전·경호·의전
Safety·Security·Protocol

안전 관리 Safety Management

801. 안전관리계획서 : 행사 전 위험 요소와 대응 방안을 정리한 문서

802. 위험요소(Risk Factor) : 사고로 이어질 수 있는 잠재적 요인

803. 안전요원 : 행사장 내 안전을 담당하는 인력

804. 비상대응계획(EAP) : 사고 발생 시 즉각 대응 절차

805. 비상대피(Evacuation) : 관객을 안전하게 이동시키는 조치

806. 대피로 : 비상 시 이동하도록 지정된 통로

807. 집결지 : 대피 후 모이도록 지정된 장소

808. 안전펜스 : 관객 접근을 제한하는 구조물

809. 안전바리케이드 : 위험 구역 차단용 가설 구조물

810. 하중관리 : 구조물 · 무대의 무게 안전 관리

811. 미끄럼 방지 : 낙상 사고 예방 조치

812. 화재예방 : 화재 발생을 사전에 방지하는 관리

813. 소화기 위치 : 소화기가 배치된 지점

814. 화재감시자 : 화재 위험을 상시 확인하는 인력

815. 응급처치 : 사고 발생 시 초기 의료 대응

816. AED : 자동 심장충격기

817. 의무실 : 응급 환자를 처리하는 공간

818. **열사병 예방** : 야외 행사 시 온열 질환 관리

819. **한랭 대비** : 겨울 행사 시 저체온 예방

820. **기상 모니터링** : 날씨 변화 상시 확인

인원 · 동선 통제 Crowd Control

821. **관객 동선** : 관객 이동 경로

822. **스태프 동선** : 운영 인력 전용 이동 경로

823. **혼잡 관리** : 인파 밀집 방지 활동

824. **밀집도 관리** : 특정 구역 인원 수 조절

825. **입장 통제** : 관객 출입 관리

826. **퇴장 관리** : 행사 종료 후 안전한 이동 관리

827. **출입구 관리** : 출입문 운영 및 통제

828. **통제선**(Control Line) : 출입 제한 경계선

829. **대기선**(Queue Line) : 관객 대기 줄

830. **현장 통제 요원** : 현장 질서 유지 담당

경호 · 보안 Security

831. **경호팀** : 주요 인물 보호 인력

832. **근접 경호** : 대상자 가까이서 보호

833. **외곽 경호** : 행사장 외부 안전 확보

834. **동선 경호** : 이동 경로 사전 확보

835. **신원 확인** : 출입자 신분 확인

836. **출입증**(Pass) : 행사 출입 허가 표시

837. **보안 검색** : 위험 물품 확인 절차

838. **금지 물품** : 반입이 제한된 물품

839. **위험물 통제** : 폭발물 · 흉기 관리

840. **CCTV 모니터링** : 영상 감시 시스템

841. **상황실**(Control Room) : 전체 상황 통제 공간

842. **무전기** : 경호 · 안전 인력 간 통신 장비

843. **보안 요원** : 질서 및 위험 관리 담당

844. **현장 경계** : 외부 침입 방지 활동

845. **돌발 상황** : 예기치 못한 사건

846. **위협 평가** : 위험 가능성 사전 분석

847. **차량 통제** : 행사장 주변 차량 관리

848. VIP 보호 : 주요 인사 안전 확보

849. 백스테이지 보안 : 무대 뒤 출입 통제

850. 통제 구역 : 일반인 출입 금지 지역

의전 Protocol

851. 의전 : 공식 행사에서의 예우 절차

852. 의전 담당 : VIP 응대 책임자

853. 의전 시나리오 : 공식 순서 정리 문서

854. VIP 동선 : 주요 인사 이동 경로

855. 환영 의전 : 도착 시 맞이 절차

856. 배웅 의전 : 행사 종료 후 작별 절차

857. 좌석 배치 : 신분 · 직위에 따른 좌석 지정

858. 의전석 : VIP 전용 좌석

859. 호명 순서 : 공식 소개 순서

860. 단상 동선 : 연단 이동 경로

861. 의전 리허설 : 사전 동선 · 절차 점검

862. 의전 타이밍 : 진행 시점 조율

사고 · 비상 상황대응

879. 재개 판단 : 행사 재시작 여부 결정

880. 상황 종료 선언 : 비상 상황 종료 알림

운영 · 관리 관련

881. 안전 브리핑 : 행사 전 안전 설명

882. 안전 교육 : 스태프 대상 교육

883. 현장 점검 : 행사 전 · 중 · 후 확인

884. 체크리스트 : 안전 확인 항목

885. 관계기관 협조 : 경찰 · 소방 협력

886. 소방 대기 : 화재 대비 인력 배치

887. 의료 대기 : 의료 인력 상주

888. 보험 가입 : 행사 사고 대비 보험

889. 책임자 지정 : 안전 책임자 명시

890. 안전 총괄 : 전체 안전 관리 담당

기타 실무 용어

891. 현장 매뉴얼 : 운영 지침서

892. 통제 신호 : 행동 지시 신호

893. 핫라인 : 비상 연락망

894. 상황 공유 회의 : 현황 점검 미팅

895. 안전 거리 : 유지해야 할 간격

896. 경계 강화 : 보안 수준 상향

897. 통제 해제 : 제한 조치 종료

898. 후속 조치 : 사고 후 처리

899. 사후 보고서 : 행사 종료 후 기록

900. 재발 방지 대책 : 동일 사고 예방 방안

Part 10

전기·통신·시스템
Technical Infrastructure

전기 시스템 기본

901. **전기**(Electrical Power) : 장비 구동을 위한 에너지

902. **전원**(Power) : 장비에 공급되는 전기

903. **주전원**(Main Power) : 행사장의 기본 전력 공급원

904. **보조 전원**(Sub Power) : 추가로 사용하는 전력원

905. **임시 전원**(Temporary Power) : 행사 전용으로 설치한 전원

906. **분전함**(Power Distribution Box) : 전기를 여러 장비로 나누는 장치

907. **메인 분전함**(Main Panel) : 전체 전력을 관리하는 분전함

908. **서브 분전함**(Sub Panel) : 구역별 전력 분배 장치

909. **차단기**(Breaker) : 과전류 시 전원을 차단하는 장치

910. **누전 차단기**(ELB) : 누전 발생 시 전원 차단 장치

전력 용량 · 부하 관련

911. **전력 용량**(Capacity) : 공급 가능한 전기량

912. **부하**(Load) : 전기를 사용하는 장비의 소비량

913. **최대 부하**(Max Load) : 동시에 사용할 수 있는 최대 전력

914. **부하 분산**(Load Balancing) : 전력 사용을 나누는 작업

915. **과부하**(Overload) : 허용량 초과 사용 상태

916. **정격 전압**(Rated Voltage) : 장비에 맞는 기준 전압

917. **정격 전류**(Rated Current) : 허용 전류 수치

918. **단상**(Single Phase) : 소형 장비용 전원 방식

919. **삼상**(Three Phase) : 대형 장비용 전원 방식

920. **전압 강하**(Voltage Drop) : 거리로 인한 전압 감소

케이블 · 배선 관련

921. **전원 케이블**(Power Cable) : 전기 공급 선

922. **멀티탭**(Power Strip) : 여러 장비 연결용 콘센트

923. **연장선**(Extension Cable) : 전원 거리 확장용 케이블

924. **산업용 커넥터** : 고용량 전원 연결 단자

925. **방수 커넥터** : 야외용 방수 전원 단자

926. **케이블 릴**(Cable Reel) : 전선 감개 장치

927. **케이블 트레이** : 케이블 정리 구조물

928. **케이블 매트** : 바닥 배선 보호 매트

929. **배선 정리**(Cable Management) : 안전한 선 정리 작업

930. **라인 분리**(Line Separation) : 전원 · 신호선 분리 배치

접지블 · 안전 관련

931. **접지**(Grounding) : 감전 방지용 전기 연결

932. **공통 접지**(Common Ground) : 장비 간 동일 접지

933. **접지봉**(Ground Rod) : 땅에 박는 접지 장치

934. **감전**(Electric Shock) : 전기 접촉 사고

935. **누전**(Leakage) : 전기 흐름이 새는 현상

936. **절연**(Insulation) : 전기 차단 보호 상태

937. **방수 등급**(IP Rating) : 전기 장비 방수 수준

938. **방진 방수**(Box) : 외부 환경 보호 케이스

939. **비상 차단**(Emergency Cut-off) : 긴급 전원 차단

940. **전기 안전 점검** : 사고 예방 검사

발전기 · 백업 전원

941. **발전기**(Generator) : 독립 전력 공급 장치

942. **디젤 발전기** : 연료 기반 발전기

943. **이동식 발전기** : 행사장 임시 설치 발전기

944. UPS : 정전 시 순간 전력 유지 장치

945. 비상 전원(Emergency Power) : 사고 대비 전원

946. 이중화(Redundancy) : 전원 예비 구성

947. 자동 전환 스위치(ATS) : 전원 자동 전환 장치

948. 연료 관리(Fuel Management) : 발전기 연료 관리

949. 전원 테스트(Power Test) : 사전 전력 점검

950. 백업 라인(Backup Line) : 예비 전원 경로

통신 · 무전 시스템

951. 통신(Communication) : 현장 정보 전달 체계

952. 무전기(Radio) : 현장 통신 장비

953. 무전 채널(Channel) : 통신 주파수 구분

954. 콜사인(Call Sign) : 무전 식별 명칭

955. 통신 통제(Comm Control) : 무전 관리

956. 헤드셋(Headset) : 핸즈프리 통신 장비

957. 인터컴(Intercom) : 유선 · 무선 통신 시스템

958. 인터컴 베이스 : 통신 중심 장비

959. 벨트팩(Belt Pack) : 허리 착용 통신 장치

960. 푸시 투 톡(PTT) : 버튼 눌러 송신 방식

네트워크 · 데이터 통신

961. 네트워크(Network) : 데이터 연결 시스템

962. LAN : 유선 네트워크

963. Wi-Fi : 무선 네트워크

964. 라우터(Router) : 네트워크 분배 장치

965. 스위치(Switch) : 장비 연결 장치

966. IP 주소 : 네트워크 장비 식별 번호

967. 대역폭(Bandwidth) : 데이터 전송 용량

968. 신호 간섭(Interference) : 통신 방해 현상

969. 네트워크 지연(Latency) : 전송 지연

970. 전용 회선(Dedicated Line) : 독립 통신 회선

시스템연동 · 제어

971. 시스템 연동(System Integration) : 장비 간 연결

972. 중앙 제어(Central Control) : 통합 관리 방식

973. 원격 제어(Remote Control) : 거리 제어 방식

974. 컨트롤 룸(Control Room) : 시스템 관리 공간

975. 모니터링(Monitoring) : 상태 실시간 확인

976. 알람 시스템 : 이상 발생 알림

977. 로그(Log) : 시스템 기록

978. 상태 표시(Status Indicator) : 장비 상태 신호

979. 리셋(Reset) : 시스템 초기화

980. 트러블슈팅(Troubleshooting) : 문제 해결 작업

현장 운영 · 관리 용어

981. 전원 플랜(Power Plan) : 전력 배치 계획

982. 전기 도면(Electrical Drawing) : 전기 설계도

983. 회로 구성(Circuit Layout) : 전기 연결 구조

984. 전원 존(Power Zone) : 전력 구역

985. 통신 존(Comm Zone) : 통신 구역

986. 라인 체크(Line Check) : 연결 상태 확인

987. 시스템 체크(System Check) : 전체 점검

988. 사전 점검(Pre-check) : 행사 전 검사

989. 현장 테스트(On-site Test) : 실제 환경 점검

990. 비상 대응(Emergency Response) : 사고 대응

관리 · 안전 · 종료단계

991. 운영 매뉴얼 : 시스템 사용 지침

992. 안전 관리자 : 전기 · 통신 안전 책임자

993. 작업 허가(Work Permit) : 전기 작업 승인

994. 위험 구역 설정 : 접근 제한 구역;

995. 현장 교육(Briefing) : 안전 설명

996. 운영 로그 기록 : 시스템 운영 기록

997. 정전 대응 : 전원 중단 시 조치

998. 시스템 종료(Shutdown) : 전원 차단 절차

999. 철수 전 점검 : 해체 전 확인

1000. 전원 완전 차단 : 행사 종료 후 전원 종료

Part 11

행정·계약·리스트
Administration & List

행정 · 기획 문서 기본

1001. 기획안(Proposal) : 행사 목적 · 내용 · 구성을 정리한 문서

1002. 운영계획서(Operation Plan) : 행사 진행 방식과 운영 구조 문서

1003. 사업계획서(Business Plan) : 예산 · 일정 · 성과 포함 종합 계획

1004. 행사 개요서 : 행사 기본 정보 요약 문서

1005. 실행안 : 실제 진행을 위한 구체화된 기획 문서

계약 · 법적 문서

1006. 계약서(Contract) : 업무 · 용역 조건을 명시한 법적 문서

1007. 용역 계약 : 외부 업체와 체결하는 서비스 계약

1008. 출연 계약 : 출연자 · 아티스트와의 계약

1009. 대관 계약 : 행사장 사용을 위한 계약

1010. 하도급 계약 : 협력 업체에 일부 업무를 맡기는 계약

1011. 계약 조건(Terms) : 계약에 명시된 세부 사항

1012. 지급 조건(Payment Terms) : 대금 지급 방식

1013. 위약 조항 : 계약 위반 시 책임 규정

1014. 비밀유지계약(NDA) : 정보 보호 계약

1015. 계약 해지 : 계약 종료 절차

예산 · 정산 관련

1016. **예산안**(Budget Plan) : 예상 지출 · 수입 계획

1017. **집행 예산** : 실제 사용 가능한 비용

1018. **견적서**(Quotation) : 비용 산출 문서

1019. **비용 산출서** : 항목별 금액 계산 문서

1020. **정산서**(Settlement) : 지출 내역 정리 문서

1021. **세금계산서** : 세금 포함 비용 증빙 문서

1022. **지출 결의서** : 비용 사용 승인 문서

1023. **선급금** : 사전 지급 비용

1024. **잔금** : 행사 후 지급 비용

1025. **예산 초과** : 계획 대비 비용 증가 상태

인력 · 운영 리스트

1026. **인력 리스트**(Staff List) : 투입 인원 명단

1027. **연락처 리스트** : 관계자 연락 정보 목록

1028. **역할 배정표** : 업무 분담 문서

1029. **근무 스케줄표** : 인력 근무 시간표

1030. **출연자 리스트** : 출연 인원 명단

장비 · 물품 리스트

1031. **장비 리스트**(Equipment List) : 장비 목록

1032. **물품 리스트** : 소모품 · 비품 목록

1033. **반입 리스트** : 행사장 반입 물품 목록

1034. **반출 리스트** : 행사 후 반출 목록

1035. **재고 리스트** : 보유 물품 관리 목록

운영 · 관리 체크리스트

1036. **체크리스트**(Checklist) : 준비 사항 점검표

1037. **업무 진행표** : 작업 단계 관리 문서

1038. **마스터 리스트** : 전체 항목 통합 목록

1039. **리스크 리스트** : 위험 요소 정리 목록

1040. **비상 대응 리스트** : 사고 대응 항목

허가 · 신고 · 행정 절차

1041. **행사 신고** : 관할 기관에 행사 알림

1042. **사용 허가** : 공간 · 시설 사용 승인

1043. **안전 관리 계획서** : 사고 예방 문서

1044. **보험 증권** : 행사 보험 가입 증명

1045. **책임 보험** : 사고 대비 보험

보고 · 기록 · 종료 문서

1046. **회의록** : 회의 내용 기록 문서

1047. **진행 보고서** : 행사 진행 상황 보고

1048. **결과 보고서** : 행사 종료 후 평가 문서

1049. **사진 · 영상 기록물** : 행사 아카이브 자료

1050. **행사 완료 보고** : 최종 종료 보고 문서

Part 12

관객·공간·시설
Audience & Venue

행사장 전체 · 구조 개념

1051. 행사장(Venue) : 이벤트가 열리는 전체 공간

1052. 메인 홀(Main Hall) : 주요 프로그램이 진행되는 공간

1053. 서브 홀(Sub Hall) : 보조 행사나 분리 프로그램 공간

1054. 컨벤션홀(Convention Hall) : 대형 회의 · 전시용 공간

1055. 전시관(Exhibition Hall) : 부스 전시 중심 공간

1056. 체육관(Gymnasium) : 스포츠 · 대형 이벤트 공간

1057. 실내체육관(Indoor Arena) : 실내 대형 관람 공간

1058. 야외 행사장(Outdoor Venue) : 외부에 설치된 행사 공간

1059. 운동장(Field) : 야외 스포츠 · 공연 공간

1060. 컨퍼런스룸(Conference Room) : 회의 · 세미나용 공간

무대 · 공연 관련 공간

1061. 무대(Stage) : 공연 · 발표가 이루어지는 공간

1062. 메인 무대(Main Stage) : 행사 중심 무대

1063. 서브 무대(Sub Stage) : 보조 공연 무대

1064. 센터 스테이지(Center Stage) : 중앙 배치 무대

1065. **프론트 스테이지** : 관객 정면 무대

1066. **백스테이지**(Backstage) : 무대 뒤 운영 공간

1067. **사이드 스테이지** : 무대 측면 대기 공간

1068. **무대 좌측**(Stage Left) : 무대 기준 왼쪽

1069. **무대 우측**(Stage Right) : 무대 기준 오른쪽

1070. **무대 전면**(Stage Front) : 관객 쪽 무대 앞

출연자 · 운영 인력 공간

1071. **대기실**(Green Room) : 출연자 대기 공간

1072. **분장실**(Dressing Room) : 의상 · 메이크업 공간

1073. **출연자 동선** : 출연자 이동 경로

1074. **스태프 대기 공간** : 운영 인력 대기 장소

1075. **연출 대기 구역** : 감독 · 연출진 대기 공간

1076. **리허설 룸** : 사전 연습 공간

1077. **출연자 집결지** : 출연자 모이는 장소

1078. **대기 존**(Holding Zone) : 출연 직전 대기 구역

1079. **인터뷰 존** : 미디어 인터뷰 공간

1080. **포토존**(Photo Zone) : 사진 촬영 공간

관객·참가자 공간

1081. **관객석**(Audience Seating) : 관람객 좌석 공간

1082. **스탠딩 존**(Standing Zone) : 서서 관람하는 구역

1083. **VIP 존**(VIP Zone) : 주요 인사 전용 구역

1084. **프레스 존**(Press Zone) : 언론 취재 공간

1085. **관객 동선** : 관객 이동 경로

1086. **입장 로비**(Lobby) : 행사장 입구 공간

1087. **대기 로비** : 입장 전 대기 공간

1088. **체크인 존**(Check-in Zone) : 등록·확인 공간

1089. **티켓 부스**(Ticket Booth) : 입장권 확인 장소

1090. **입장 게이트**(Entrance Gate) : 행사장 출입구

통제·운영 공간

1091. **출입 통제 구역** : 출입 제한 공간

1092. **보안 구역**(Security Zone) : 경호·보안 공간

1093. **통제 본부**(Control Center) : 운영 상황 관리 공간

1094. **상황실** : 긴급 상황 대응 공간

1095. **운영 본부**(Operations Office) : 운영진 업무 공간

1096. **현장 사무실** : 행사 중 임시 사무 공간

1097. **스태프 체크인 존** : 인력 출석 확인 공간

1098. **브리핑 존** : 사전 설명 공간

1099. **회의실**(Meeting Room) : 운영 · 연출 회의 공간

1100. **무전 통제 구역** : 통신 관리 공간

기술 · 장비 운영 공간

1101. **FOH**(Front of House) : 음향 · 영상 컨트롤 위치

1102. **컨트롤 부스**(Control Booth) : 기술 장비 운영 공간

1103. **음향 부스**(Sound Booth) : 음향 콘솔 위치

1104. **조명 부스**(Lighting Booth) : 소명 콘솔 위치

1105. **영상 컨트롤룸**(Video Control Room) : 영상 운영 공간

1106. **중계 부스**(Broadcast Booth) : 방송 중계 공간

1107. **카메라 포지션**(Camera Position) : 카메라 설치 위치

1108. **케이블 존**(Cable Zone) : 배선 집중 구역

1109. **전원 존**(Power Zone) : 전기 공급 공간

1110. **장비 대기 구역** : 장비 보관 · 대기 공간

물류 · 설치 관련 공간

1111. **로드인 존**(Load-in Zone) : 장비 반입 구역

1112. **로드아웃 존**(Load-out Zone) : 장비 반출 구역

1113. **하역장**(Dock) : 물류 하차 공간

1114. **장비 보관소**(Storage) : 장비 임시 보관 공간

1115. **창고**(Storage Room) : 물품 보관 공간

1116. **백오브하우스**(BOH) : 관객 비노출 운영 공간

1117. **서비스 통로** : 스태프 전용 이동로

1118. **후면 출입구** : 장비 · 스태프 출입구

1119. **차량 대기 구역** : 차량 주차 · 대기 공간

1120. **물류 동선** : 장비 이동 경로

안전 · 비상 · 편의 공간

1121. **비상구**(Emergency Exit) : 긴급 탈출 출구

1122. **피난 동선**(Egress Route) : 비상 이동 경로

1123. **응급 처치소**(First Aid) : 의료 대응 공간

1124. **소방 통로** : 소방 차량 접근 경로

1125. 안전 통제선 : 접근 제한 표시 구역

1126. 위험 구역(Hazard Zone) : 사고 위험 공간

1127. 안전 대기 공간 : 비상 시 대피 장소

1128. 기상 대피 공간 : 악천후 대비 장소

1129. 안전 표지 구역 : 경고 · 안내 표식 공간

1130. 비상 집결지 : 사고 시 집합 장소

편의 · 부대 시설 공간

1131. 휴게 공간(Rest Area) : 휴식 공간

1132. 식음 공간(Catering Area) : 식사 제공 장소

1133. 푸드 존(Food Zone) : 음식 판매 · 제공 구역

1134. 화장실(Restroom) : 위생 시설

1135. 흡연 구역(Smoking Area) : 흡연 전용 공간

1136. 라운지(Lounge) : 휴식 · 대기 공간

1137. 정보 데스크(Info Desk) : 안내 제공 공간

1138. 분실물 센터 : 분실물 관리 장소

1139. 기념품 부스 : 상품 판매 공간

1140. 관람 대기 존 : 입장 전 대기 공간

행사 운영 흐름 관련 장소 표현

1141. 행사 전 구역(Pre-event Area) : 행사 시작 전 공간

1142. 행사 중 구역(Live Area) : 실제 진행 공간

1143. 행사 후 구역(Post-event Area) : 종료 후 공간

1144. 프리오픈 존 : 행사 전 최종 점검 공간

1145. 클로즈 존(Close Zone) : 행사 종료 후 통제 공간

1146. 전체 동선 맵 : 공간 이동 지도

1147. 현장 맵(Venue Map) : 행사장 구조도

1148. 구역 번호(Zone Number) : 공간 식별 번호

1149. 공간 분할(Zone Division) : 구역 나누기

1150. 현장 레이아웃(Layout) : 공간 배치 설계

한눈에 보는

행사 현장 사진

Event Images

2024 부산 이승철 콘서트

2025 베트남 전승기념일 콘서트 메인 무대

잠실종합운동장 야외 무대 설치

실내 공연 조명 설치 모습(무빙 빔)

좌측 싸이 콘서트. 실내 콘서트 오프닝 장면(위)과 공연 조형물(아래)

우측 야외 콘서트 무대 및 전식 조명

MBC 마당놀이 엔딩 연출 모습

사라브라이트만 내한공연

국회의원 당선축하 리셉션 축하공연 리허설

위 동아비즈니스포럼(신라호텔) **아래** 한국―베트남 무예교류 축제 무대 리허설

위 충주세계무술축제 **아래** 아주인터내셔널데이 행사

온라인 중계 랜선축제 시스템

한국─베트남 무예축제를 위해 수고한 스태프들과 마지막 인증샷

백실장의 행사장 비밀수첩

펴낸날 초판 1쇄 발행 2026년 3월 10일

지은이 백세인
펴낸이 유윤희
펴낸곳 오늘산책
디자인 행복한물고기Happyfish

출판등록 2017년 7월 6일(제2017-000141호)
주 소 서울 종로구 종로 227-5, 2층
전 화 010.7748.5369
팩 스 02.6442.5392
이메일 oneul71@naver.com
　　　　 yuyunhee@naver.com
ISBN 979-11-93703-11-3　13680